I0013748

Naziha Nouri

Contribution à l'étude de système WIMAX

Naziha Nouri

Contribution à l'étude de système WIMAX

L'étude des performances de récepteur homodyne, à haut débit, le plus adapté au système WiMAX

Éditions universitaires européennes

Mentions légales / Imprint (applicable pour l'Allemagne seulement / only for Germany)
Information bibliographique publiée par la Deutsche Nationalbibliothek: La Deutsche Nationalbibliothek inscrit cette publication à la Deutsche Nationalbibliografie; des données bibliographiques détaillées sont disponibles sur internet à l'adresse http://dnb.d-nb.de.
Toutes marques et noms de produits mentionnés dans ce livre demeurent sous la protection des marques, des marques déposées et des brevets, et sont des marques ou des marques déposées de leurs détenteurs respectifs. L'utilisation des marques, noms de produits, noms communs, noms commerciaux, descriptions de produits, etc, même sans qu'ils soient mentionnés de façon particulière dans ce livre ne signifie en aucune façon que ces noms peuvent être utilisés sans restriction à l'égard de la législation pour la protection des marques et des marques déposées et pourraient donc être utilisés par quiconque.

Photo de la couverture: www.ingimage.com

Editeur: Éditions universitaires européennes est une marque déposée de
Südwestdeutscher Verlag für Hochschulschriften GmbH & Co. KG
Heinrich-Böcking-Str. 6-8, 66121 Sarrebruck, Allemagne
Téléphone +49 681 37 20 271-1, Fax +49 681 37 20 271-0
Email: info@editions-ue.com

Produit en Allemagne:
Schaltungsdienst Lange o.H.G., Berlin
Books on Demand GmbH, Norderstedt
Reha GmbH, Saarbrücken
Amazon Distribution GmbH, Leipzig
ISBN: 978-613-1-56110-8

Imprint (only for USA, GB)
Bibliographic information published by the Deutsche Nationalbibliothek: The Deutsche Nationalbibliothek lists this publication in the Deutsche Nationalbibliografie; detailed bibliographic data are available in the Internet at http://dnb.d-nb.de.
Any brand names and product names mentioned in this book are subject to trademark, brand or patent protection and are trademarks or registered trademarks of their respective holders. The use of brand names, product names, common names, trade names, product descriptions etc. even without a particular marking in this works is in no way to be construed to mean that such names may be regarded as unrestricted in respect of trademark and brand protection legislation and could thus be used by anyone.

Cover image: www.ingimage.com

Publisher: Éditions universitaires européennes is an imprint of the publishing house
Südwestdeutscher Verlag für Hochschulschriften GmbH & Co. KG
Heinrich-Böcking-Str. 6-8, 66121 Saarbrücken, Germany
Phone +49 681 37 20 271-1, Fax +49 681 37 20 271-0
Email: info@editions-ue.com

Printed in the U.S.A.
Printed in the U.K. by (see last page)
ISBN: 978-613-1-56110-8

Copyright © 2012 by the author and Südwestdeutscher Verlag für Hochschulschriften GmbH & Co. KG and licensors
All rights reserved. Saarbrücken 2012

Résumé

L'objectif de ce mémoire consiste principalement à étudier les performances des systèmes des réceptions à haut débit afin de choisir le plus adapté au système WiMAX en termes de consommation, de densité d'intégration et de coût.

Une architecture satisfaisante à ces contraintes technologiques et économiques est celle de récepteur homodyne. Néanmoins, ce type de récepteur souffre des inconvénients majeurs, surtout au niveau de la bande de fréquence millimétrique, tels que le DC-offset, le déséquilibre IQ et le bruit 1/f. De ce fait, nous avons proposé des solutions dans le but de réduire ces défauts.

Mots clés : BLR, WiMAX, Radiocommunication, récepteur à conversion direct, homodyne, 4-MDP, démodulateur en quadrature.

Table des matières

Table des figures

Liste des Tableaux

Liste des abréviations

ADC	Analog to Digital Converter
ASK	Amplitude Shift Keying
ADSL	Asymmetric Digital Subscriber Line
AWGN	Additive White Gaussian Noise
BB	Bande de Base
BTS	Base Transceiver Station
BLR	Boucle Locale Radio
BER	Binary Error Ratio
CAN	Convertisseur Analogique Numérique
CAG	Contrôle Automatique de Gain
DSP	Digital Signal Processor
DSL	Digital Subscriber Line
DVB-S	Digital Vidéo Broadcasting-Satellite
DVB-C	Digital Video Broadcasting-Cable
FI	Fréquence Intermédiaire
FPB	Filter Pass Bas
FSK	Frequency Shift Keying
GSM	Global System for Mobile Communications
IM	Inter Modulation
IEEE	Institute of Electrical and Electronics Engineer
LNA	Low Noise Amplifier
LOS	Line Of Sight
LAN	Local Area Network
LPF	Low Pass Filter
MAM	Media asset management
MOS	Metal Oxyde Semiconductor
MHIC	Microwave Hybrid Integrated Circuit
NLOS	Non-Line Of Sight
NICAM	Near Instantaneously Companded Audio Multiplex

OL	Oscillateur Local
PSK	Phase Shift Keying
QPSK	Quadrature Phase Shift Keying
QAM	Quadrature Amplitude Modulation
RF	Radio Fréquence
SNR	Signal Noise Ratio
TEB	Taux d'Erreur Binaire
UMTS	Universal Mobile Communications System
VIOP	Voice over Internet Protocol
WIMAX	Worldwide Interoperability for Microwave Access
WIFI	Wireless Fidelity
WLAN	Wireless Local Area Network
WCDMA	Wideband Code Division Multiple Access

Introduction générale

Ces dernières années, le développement des systèmes de télécommunications destinés au grand public a été poussé par des besoins en communications sans fil et des demandes bien précises. En effet, la transmission par voie hertzienne offre des solutions à des problèmes posés par la transmission filaire. Elle s'impose de plus en plus et devient indispensable dans le domaine des télécommunications grâce aux multiples avantages qu'elle offre.

Cette évolution se caractérise principalement par des services très variés (voix audio, vidéo, image, multimédia) sur une large bande avec accès à des très hauts débits d'informations.

Le principal problème associé à l'évolution du système de communication sans fil est la coexistence de nombreuses technologies et services dans le même spectre. Cette coexistence surcharge le spectre et rend difficile sa gestion. Ce spectre souffre à part cette occupation excessive de problème d'interférence généré par d'autres équipements travaillant dans les mêmes bandes fréquentielles. Donc, la gestion de l'utilisation de spectre d'une manière convenable s'avère une tâche très difficile avec la présence des services et des technologies variées, ce qui favorise la migration vers les futures technologies et vers les bandes hautes fréquences ou millimétriques.

Le système de radiocommunication comme la boucle locale radio en particulier le système WiMAX peut envisager une solution alternative pour plusieurs applications larges bandes avec un débit beaucoup plus élevé par rapport aux systèmes actuels, en fonctionnant dans la bande de fréquences millimétriques.

Face à cette évolution, les contraintes et la complexité des systèmes sont devenus plus importants ce qui nécessite de choisir un système de réception radio mobile répondant aux paramètres de la chaîne de réception fixés par la norme : la complexité, la puissance consommée, la densité d'intégration, l'adaptabilité au multistandard et notamment le coût sont les principaux critères pour la sélection définitive d'une architecture de réception, pour lesquelles le choix de récepteur homodyne s'impose.

Néanmoins, les récepteurs homodynes souffrent des multiples défauts en particulier lorsqu'ils opèrent dans la bande de fréquence millimétrique. Nous détaillons les sources d'erreurs pour un tel système tout en proposant des solutions acceptables.

Dans le cadre de ce manuscrit, nous étudions la boucle locale radio et nous vérifions le choix du récepteur homodyne adapté à ce type de système de radiocommunication.

Le présent travail s'articule autour de trois chapitres :

Le premier chapitre décrit brièvement les principes et les avantages offerts par le système BLR, acronyme de la « Boucle Locale Radio » de radiocommunication, ainsi que les intérêts technologiques apportés par la norme WiMAX.

Le deuxième chapitre est dédié à définir le principe de base de la transmission et de la modulation numérique nécessaires pour une transmission radiofréquence. Nous présentons les effets de canal radioélectrique ainsi que les outils de mesure de performance du signal reçu.

Le troisième chapitre s'intéresse à rappeler les principales architectures d'émetteur et de récepteur utilisées dans le système de radiocommunication, nous exposons les différents avantages et inconvénients des récepteurs afin d'extraire l'architecture la plus performante qui correspond au récepteur à conversion direct ou homodyne. Nous nous intéressons aux problèmes associés à ce récepteur homodyne et nous proposons des solutions satisfaisantes.

BLR et WiMAX

1.1- Introduction

Actuellement, le développement rapide des communications sans fil rend les technologies radio comme étant une solution réservée exclusivement aux zones isolées ou à un accès difficile tout en offrant des services aussi perfectionnés que ceux proposés par les réseaux filaires aussi bien de voix que l'Internet à haut débit et la vidéocommunication.

Au sein de ce chapitre, nous allons envisager deux grandes parties. Dans la première partie, nous nous intéressons aux multiples avantages offerts par la BLR, ainsi que les types de modulations mis en jeu, nous définissons ensuite les principales technologies qui correspondent au BLR.

Pour la deuxième partie, nous valorisons les intérêts technologiques et économiques apportés par la nouvelle norme WiMAX à la boule locale radio puis nous décrivons le principe de fonctionnement de cette norme. Nous achevons cette partie par une spécification du système WiMAX.

1.2- BLR

1.2.1- Définition

Dans le domaine des télécommunications, on appelle Boucle Locale Radio une technologie sans fil de transmissions de données utilisant l'atmosphère comme support de transmission sans recours à la liaison filaire traditionnelle. Elle permet donc à l'opérateur de relier ses abonnés directement à ses équipements grâce aux ondes radio sur une distance de 4 à 10 kilomètres [1].

Théoriquement La BLR est un nouveau moyen pour accéder à l'Internet haut débit via le réseau hertzien, mais également à des services de téléphonies flexibles, fiables, économiques et permet de compléter la desserte filaire traditionnelle.

La B.L.R est une technologie de connexion **sans fil, fixe** et **bidirectionnelle :**

- **sans fil :** utilise des ondes radio comme moyen de transmission.
- **fixe:** le récepteur doit être fixe, il ne peut être mobile comme dans le cas du GSM
- **bidirectionnelle:** la liaison se fait dans les deux sens : opérateur-client et client-opérateur

1.2.2-Avantages de la BLR

Une technologie radio offrant des nombreux avantages considérables :

- La flexibilité par rapport à la localisation des futurs clients et la rapidité d'installation, on peut citer la rapidité d'être raccordée. Elle favorise l'aménagement du territoire.

En terme d'infrastructure génie civile tout en préservant des capacités intéressantes pour l'échange de médias informatiques.

- Une plus grande souplesse pour le déploiement des infrastructures.

- Elle permet de s'affranchir de la connexion filaire chez l'abonné et la capacité d'atteindre des zones isolées ou régions à accès difficile par câble (montagnes, déserts...) contrairement à un système où l'information transite sur un support physique, la technologie BLR, ne nécessite pas de poteaux ni de câbles pour être reliée au réseau. Ainsi, pour des applications hautes débit type visioconférence ou autres, il n'est plus nécessaire de câbler le client de manière individuelle.

Contrairement à l'installation téléphonique traditionnelle, la technologie B.L.R. ne nécessite pas de poteaux ni de câbles pour être reliée au réseau ; elle peut donc être installée facilement dans une zone où il n'existe pas d'installation filaire.

-La réduction de façon considérable des coûts de déploiement, en fait, le coût de raccordement est moins élevé, car nous n'avons pas besoin de travaux de génie civil, il est très faible comparé à celui des autres technologies du fait que le coût d'installation du réseau et de génie civil est inférieur à celui de la téléphonie fixe.

- Le faible coût de maintenance

- La possibilité de profiter de la mobilité offerte par la liaison radio

- Une alternative à la ligne louée en gardant les performances et en évitant les éventuels désagréments

- Facilité de mise en œuvre
- La souplesse d'installation pour une connexion "point à point" au débit symétrique.
- Une solution économique
- Progressivité des investissements où le déploiement peut s'effectuer station par station.
- Elle offre un débit plus élevé que la boucle filaire. Elle est donc conçue comme un vecteur de développement des services à haut débit.
- Un espace d'innovation possible dans le nomadisme, entre haut débit fixe et haut débit mobile.
- Pas de risque de brouillage, car la fréquence est attribuée à un seul utilisateur
- L'intérêt concurrentiel : L'utilisation de la boucle locale radio permettra l'apparition de nouveaux opérateurs indépendants qui proposeront sûrement des nouveaux services. Ainsi, l'ouverture à la concurrence diminuera le prix de l'abonnement et des communications locales et favorisera, ainsi le développement de l'Internet.

1.2.3- Inconvénient de la BLR

Le BLR présente des nombreux avantages, cependant elle possède aussi quelques inconvénients :

- Les ondes radio peuvent être ralenties causant une diminution du débit réseau de 30% à 40%, sous certaines conditions météorologiques comme forte pluie, nuages épais.

- Les conséquences des ondes radio à haute fréquence (jusqu'à plusieurs GHz) sur l'organisme.

1.2.4- Différentes technologies de la BLR

Les technologies radios dans la boucle locale constituent aujourd'hui une solution de substitution aux moyens filaires pour le raccordement direct de clients et la fourniture de services de télécommunications fixes [2].

Les fréquences allouées pour les réseaux de boucle locale radio se trouvent dans les bandes de fréquences 3,5 GHz et 26 GHz

La première bande de fréquence de 26 GHz est réservée aux entreprises.
La seconde se situe dans la bande de fréquence de 3,5 GHz proposée aux particuliers [3].

WIMAX : le WiMAX est une technologie radio point-point qui utilise une bande de fréquences de 3,5 GHz, mais théoriquement le WiMAX peut fonctionner sur des fréquences comprises entre 2 et 11 GHz. Offre un débit de 5 à 50 Mbit/s, c'est-à-dire qu'il est identique à la réception et à l'émission, contrairement à l'ADSL ou au Wi-Fi qui favorisent la réception.

L'onde WiMAX est robuste. Elle offre une transmission à longue distance et peut traverser certains obstacles [3], on distingue 2 situations :

- **LOS** : en visibilité directe, la portée est d'au moins 10 km (jusqu'à 20 km dans certaines conditions).
- **NLOS** : en visibilité indirecte, la portée est inférieure à 5 km. [4]

BLR : La B.L.R. est une technologie radio point-multipoint où chaque antenne du réseau desservant plusieurs utilisateurs qui doivent alors partager la bande passante. Cette technologie nécessite la mise en place d'une antenne émettrice, chez l'abonné et d'une antenne réceptrice. Le rayon d'émission d'une antenne est de 4 à 5 km.

1.2.5- Modulation de la BLR

Les modulations QPSK et16-QAM sont possibles pour la BLR. Quand la qualité de la transmission est mauvaise, une modulation à faible efficacité spectrale est choisie QPSK [5].

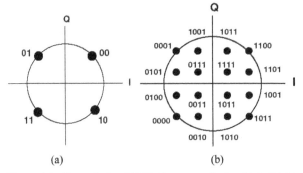

(a)   (b)

Figure 1.1 : Constellation QPSK (a) et constellation 16-QAM (b)

La figure ci-dessus illustre l'allocation ou la distribution des bits respectivement pour les deux modulations QPSK et 16-QAM.

1.3- WiMAX

WiMAX est une technologie de transmission par ondes hertziennes à longue portée (10 km) et à haut débit. Elle est utilisée pour des liaisons point à point exigeantes ou pour desservir en connexion Internet des zones faiblement peuplées

1.3.1- Définition

Le WiMAX est une technologie de la Boucle Locale Radio. Cette technologie a été standardisée par l'IEEE.

Le WiMAX est avant tout une famille de normes, il utilise des technologies hertziennes destinées principalement à des architectures point-multipoint : à partir d'une antenne centrale, on cherche à toucher de multiples terminaux.

Le débit théorique maximum supporté par le WiMAX est de 70 Mbits/s sur une distance théorique de plusieurs dizaines de kilomètres.

1.3.2. Avantages de système WIMAX

Le déploiement dans la bande BLR à 3,5 GHz ou WiMAX offre de nombreux avantages :

- la couverture du territoire par des services d'accès à haut débit analogues à ceux du DSL
- une évolution vers le nomadisme d'Internet haut-débit. En fait, les liaisons traditionnelles ne peuvent être envisagées dans le cas des zones faiblement peuplées ou faiblement industrialisées puisque le passage de câbles ou de fibres étant très coûteux dans ces zones.
- fournir une connexion Internet à haut débit sur une zone de couverture de plusieurs kilomètres de rayon.
- permettre une connexion par ondes radio sur une dizaine de kilomètres entre une station de base BTS et des milliers d'abonnés sans nécessiter de ligne visuelle directe en *LOS* ou *NLOS*.
- Abaisser le coût des terminaux.
- Disponibilité industrielle d'équipements bénéficiés en plus d'une connexion rapide.
- La mise en place de nouveaux usages du haut-débit: la mobilité et la disponibilité des informations est capitale dans les secteurs du transport ou de la sécurité.
- permettre notamment de surfer sur Internet en haut débit, de téléphoner sur VoIP, avec un niveau de garantie défini selon les besoins.

1.3.2- Principe de fonctionnement du WIMAX

La station de base est l'antenne centrale WiMAX, reliée par une liaison filaire au central téléphonique de l'opérateur d'accès à Internet, émet des ondes d'une fréquence de 3.5 GHz, ondes qui communiquent simultanément avec plusieurs centaines d'antennes installées chez les abonnés et avec d'autres stations WiMAX. On parle ainsi de liaison point-multipoints pour désigner le mode de communication du WiMAX, cette antenne est orientée vers une station de base pour mieux échanger l'information avec l'antenne centrale.

La figure ci-dessous présente l'architecture simplifiée de système WiMAX.

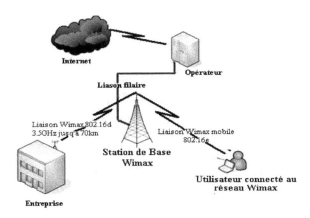

Figure 1.2 : Architecture simplifiée de réseau WiMAX

WiMAX offre aussi la possibilité d'être connecté au réseau tout en étant mobile jusqu'à 60 km/h. Le fonctionnement du WiMAX reste similaire aux équipements BLR déjà existants, par contre le WiMAX permet de franchir les obstacles naturels et artificiels entre les récepteurs et les stations WiMAX. Ceux-ci impliquent tout de même une diminution du débit à 20 Mbit/s. Cependant, les obstacles naturels ou industriels situés entre un utilisateur et une station de base empêchent l'utilisation du protocole WiMAX [6].

Le système WiMAX est décline en deux versions : fixe et mobile:

- **WiMAX fixe** : prévu pour un usage fixe principalement dans les zones non couvertes par l'ADSL .Le WiMAX fixe opère dans les bandes de fréquence 2.5 GHz et 3.5 GHz

- **WiMAX mobile** : offre la possibilité de connecter des abonnés mobiles au réseau Internet haut débit de qualité supérieure celle de l'UMTS

1.3.3- Spécificités de système WiMAX

- Norme

Depuis plus de 3 ans le standard IEEE de WiMAX ne cesse d'évoluer. Ceci est représenté par le tableau ci-dessous :

standard	Description	publié	statut
IEEE std 802.16-2001	- Utilisé dans les réseaux métropolitains sans fil -avoir une bande de fréquence supérieure à 10 GHz jusqu'à 60 GHz	8 avril 2002	obsolète
IEEE std 802.16c-2002	- Définir les options supplémentaires pour les réseaux métropolitains sans fil sur la bande de fréquence de 10 à 66 GHz	15 janvier 2003	obsolète
IEEE std 802.16a-2003	- Plus utilisé par le WiMAX fixe - Amender au standard 802.16 pour la bande de fréquence allant de 2 à 11GHz	1 er avril 2003	obsolète
IEEE std 802.16-2004 (également désigné 802.16d)	- Réviser et améliore les standards de base 802.16, 802.16a et 802.16c	1 er octobre 2004	Obsolète/ac tifs
IEEE 802.16e (également désigné IEE std 802.16 e-2005)	- avoir une compatibilité avec le WiMAX fixe - Apporter la solution mobile au standard	7 décembre 2005	actif
IEEE 802.16f	- Permettre d'évoluer la norme 802.16 au niveau LAN (réseau locaux) et MAM (réseau métropolitains)	22 septembre 2005	actif

Tableau 1.1: Les différentes normes du WiMAX

- Débit et portée

Théoriquement, WiMAX permet d'atteindre des débits pouvant atteindre les 70Mbit/s avec une portée de 50 kilomètres. Pratiquement, le débit est de 10Mbit/s dans un rayon de 20 kilomètres. WiMAX offre donc des débits importants comme celui de DSL Comparaison avec le Wifi

Puisque le Wifi et le WiMAX permettent l'accès à Internet sans fil. Le tableau ci-dessous présente une comparaison entre ces deux technologies :

	Wifi	*WiMAX*
Norme	802.11	802.16
Débit	54Mb/s	70Mb/s
Portée	Quelques centaines de mètres	Jusqu'à 50 kilomètres
Fréquence	2,4Ghz (802.11b) ou 5GHz (802.11a)	3,5Ghz
Utilisation	Intérieur/Faible distance	Extérieur/Grande distance

Tableau 1.2 : Comparaison entre le WiMAX et le Wifi

Le tableau précédent nous indique que WiMAX offre une portée importante par rapport à la technologie Wifi. Cependant, le WiMAX ne joue pas un rôle concurrentiel pour le Wifi, mais plutôt un complément de celui-ci. La concurrence de WiMAX apparaît clairement envers l'ADSL surtout dans les zones rurales où le déploiement de l'ADSL est trop coûteux.

1.4-Conclusion

Dans ce chapitre, nous avons présenté un nouveau moyen de transmission large bande nommé le boucle locale radio offrant une nouvelle technologie appelée WiMAX basée sur l'utilisation de la BLR. Après avoir décrit le système BLR nous avons concentré l'étude sur l'intérêt apporté par la technologie sans fil WiMAX. Comme la BLR est un système de radiocommunication assez important alors nous consacrons le chapitre suivant à l'étude du principe de transmission dans ce système de radiocommunication.

Chapitre 2

Systèmes de Communication

2.1-Introduction

Le développement très important des réseaux sans fil a fait apparaître la boucle locale radio. Ces réseaux sont capables de transporter aussi bien de la téléphonie et des données haut débit que de la vidéo. Ceci est concrétisé par l'apparition de nouveaux services utilisant les techniques de transmission dans un environnement radio.

Dans ce chapitre, nous décrivons le système de transmission radiofréquence, puis nous rappelons la technique de modulation numérique utilisée dans la radiocommunication. Nous dégageons ensuite les différents effets de canal radioélectrique. Enfin, nous exposons les outils nécessaires pour le test de la performance de signal reçu dans un contexte de transmission radio

2.2- Système de transmission

Le signal d'information subit des transformations résumées par le schéma général d'une chaîne de transmission présentée ci-dessous.

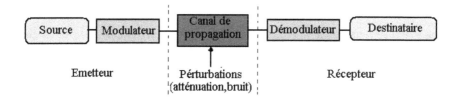

Figure 2.1 : Schéma simplifié d'une chaîne de transmission

Le canal radioélectrique est constitué d'un émetteur, de l'espace et d'un récepteur. En fait, pour transmettre un message (son, image..) à longue distance par le canal radioélectrique, il est indispensable d'appliquer plusieurs transformations à ce message.

En effet, le message sera d'abord échantillonné, ensuite chaque échantillon est quantifié et finalement codé.

Toutes ces transformations sont effectuées avant d'envoyer le message dans le canal radiofréquence. Pour transmettre ce signal, il doit être translaté vers les hautes fréquences dans la bande passante du canal, c'est l'opération de modulation.

Ce signal RF modulé est fortement atténué et distordu par l'effet de canal de propagation. A la réception, l'opération de démodulation est nécessaire afin de récupérer fidèlement le signal original, cette opération consiste à translater le signal reçu vers les basses fréquences

2.3- Modulation numérique

Dans un canal caractérisé généralement par un milieu à bande passante limitée, absorbant et dispersif, la technique de modulation devient indispensable pour la transmission radio d'un signal d'information s(t). En effet, la bande de fréquence de canal radio est précise. Ceci exige l'utilisation de cette bande de fréquence dans la transmission afin d'éviter la perturbation sur les autres canaux radio.

En plus la modulation numérique à part sa performance en présence de différents types de perturbations générés par le canal, elle améliore l'efficacité spectrale et est résistance aux non-linéarités ce qui encourage leur utilisation dans les applications radio.

Généralement, la modulation à pour but d'adapter le message au canal de transmission, elle améliore la transmission de signal original puisqu'elle permet d'augmenter la fréquence de celle-ci.

Pour une transmission radiofréquence la modulation est équivalente à une translation du signal Basse Fréquence vers la bande passante du canal donc vers les hautes fréquences. Ceci est représenté par la figure ci-dessous

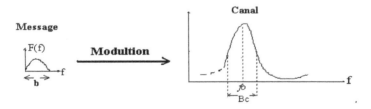

Figure 2.2 : Opération de modulation

La modulation et démodulation d'une onde à fréquence élevée, appelé porteuse $p(t) = A_p \cos(w_c t)$, peuvent se faire par la variation de l'amplitude dite modulation d'amplitude, de la fréquence ou de la phase appelée modulation angulaire de l'onde porteuse.

a) Modulation d'amplitude ASK

b) Modulation de fréquence FSK

c) Modulation de phase PSK

La figure suivante nous montre le chronogramme respectivement trois types de modulation d'amplitude de fréquence de phase.

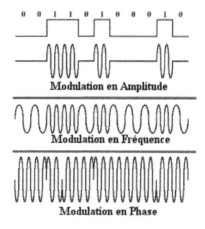

Figure 2.3 : Chronogramme de 3 types de modulation

Soit s(t) un signal sinusoïdal d'amplitude constante et de phase $\phi(t)$ instantanée $s(t) = A_c \cos(\phi(t))$ avec f_0 la fréquence du signal porteur

La variation de l'amplitude de la porteuse au rythme de signal utile donne le signal modulé représenté par l'équation suivante : $s(t) = A_c . K . m(t) \cos(2\pi f_0 t + \varphi(t))$ Où $m(t)$ et le signal modulant et $\phi(t) = 2\pi f_0 t + \varphi(t)$.

Suivant le comportement de $\varphi(t)$ on peut trouver deux types de modulation

Modulation de phase

$\phi(t)$ s'écrit $\phi(t) = 2\pi f_0 t + \varphi(t)$. Il représente l'écart de phase par rapport à la porteuse.

Pour chaque instant $\varphi(t)$ est proportionnel au signal modulant $m(t)$.

On obtient un signal modulé qui s'exprime comme suit : $s(t) = A_c \cos(2\pi f_0 t + k_p . m(t))$

Modulation de fréquence

Dans ce cas $\varphi(t) = k_f . m(t)$

Si on pose $f(t) = f_0 + k_f . m(t)$

$s(t) = A_c \cos(2\pi f_0 t + 2\pi k_f \int m(\tau) d\tau)$ est le signal modulé en fréquence.

Nous nous intéresserons dans notre travail au troisième type de modulation

2.3.1- Modulation QPSK

La modulation de phase en quadrature ou QPSK est une modulation numérique des signaux radio sur une fréquence porteuse de type satellitaire [7], elle est utilisée dans des services cellulaires, la boucle locale radio en particulier WiMAX, la transmission vidéo numérique DVB-S et NICAM standard de télédiffusion audio stéréo.

La modulation QPSK est à saut de phase, elle associe à un code binaire une valeur de la phase de la porteuse, cette dernière dépend du signal à émettre,

Cette modulation utilise un diagramme de constellation à quatre points ou symbole qui est codé par deux bit.

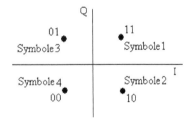

Figure 2.4 : Constellation QPSK

La modulation est basée sur des variations de phase de 90° de la porteuse. Chaque symbole est composé de bits correspond aux variations de phase possibles.

2.3.2- Modulation 16QAM

La modulation QAM est un système de modulation des signaux numériques utilisés dans les applications micro-ondes, le DVB-C et les modems, cette modulation consiste à combiner la modulation de phase PSK et la modulation d'amplitude afin de coder plus de bits d'information composant un symbole. Encore c'est la combinaison de deux fréquences porteuses sinusoïdales déphasées l'une de l'autre de 90° [8] d'où l'appellation de quadrature.

Le wifi par exemple utilise la méthode du 16-QAM avec quatre bits par symbole [9].

La figure ci-dessous présente le diagramme de constellation d'une modulation 16 QAM.

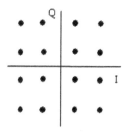

Figure 2.5 : Diagramme de constellation d'une 16-QAM

2.3.3- Modulation en quadrature

Soit le signal de basse fréquence décrit par l'équation suivante :

$$u(t) = a(t)\sin(2\pi f_0 t)$$

La modulation en quadrature consiste à créer deux porteuses orthogonales à la même fréquence et déphasé par $\frac{\pi}{2}$. Cette méthode permet alors de moduler deux signaux $u_c(t)$ et $u_s(t)$ avec chacune de ces porteuses et ainsi doubler la quantité d'information transmise dans la même bande de fréquence.

$$u(t) = u_c(t)\cos(2\pi f_0 t) - u_s(t)\sin(2\pi f_0 t)$$

Où $u_c(t)$ présente la composante en phase et $u_s(t)$ correspond à la composante en quadrature

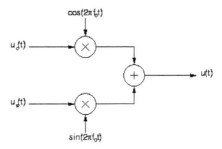

Figure 2.6 : Schéma de réalisation d'un modulateur en quadrature

L'enveloppe complexe est construite à partir de deux signaux $u_c(t)$ et $u_s(t)$ afin de simplifier les notations. L'enveloppe est décrite par l'équation ci-dessus :

$$u_e(t) = u_c(t) + iu_s(t)$$

La partie réelle de l'enveloppe complexe est la suivante :

$$u(t) = \text{Re}(u_e(t)e^{2i\pi f_0 t})$$

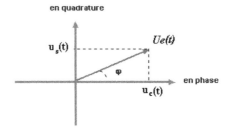

Figure 2.7 : Représentation graphique de l'enveloppe complexe

2.3.4- La démodulation en quadrature

L'opération de démodulation est nécessaire pour récupérer le signal en bande de base émis par l'intermédiaire d'une antenne ce qui implique une nouvelle transposition de fréquence.

Au niveau du récepteur, on multiplie le signal entrant après ré-amplification par deux porteuses déphasées par $\dfrac{\pi}{2}$ afin de restituer les deux signaux $u_c(t)$ et $u_s(t)$.

Au moyen d'un filtre passe-bas nous pouvons nous débarrasser des composantes hautes fréquences ainsi les deux signaux en bande de base sont isolés.

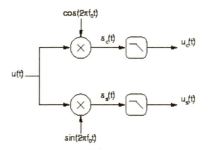

Figure 2.8 : Schéma de réalisation d'un démodulateur en quadrature

2.4- Effets du canal radioélectrique

2.4.1-Modélisation de canal radioélectrique

Le canal radioélectrique, en plus de son caractère passe-bande est affecté essentiellement par des phénomènes indésirables dus à la présence d'autres signaux ou de bruits se superposant à ce signal, donc le signal RF reçu par l'intermédiaire d'une antenne dans le cas d'une transmission radio est fortement atténué et distordu.

Nous présentons dans la suite les effets du canal radioélectrique suivante :
L'atténuation et le bruit [10].

2.4.1.1- Atténuation

Le canal radioélectrique atténue fortement le signal transmis. Le phénomène due à l'absorption s'ajoute à cette atténuation, mais souvent négligeable, en plus s'ajoute les ondes électromagnétiques propagent dans l'atmosphère. La distance est un autre facteur d'affaiblissement inhérent la propagation d'onde radiofréquence dans le système satellitaire.

L'atténuation est constante et n'affecte les signaux émis s (t) et reçus x(t) que par un coefficient de proportionnalité de 1/At. Ceci pour des conditions de transmission données (fréquence, distance ...) [10]. Au sens informationnel, l'atténuation nous permet de considérer que le signal reçu est identique au signal émis.

2.4.1.2-Bruit

Le canal radioélectrique est caractérisé par la diversité des phénomènes de distorsion variables dans le temps, d'évanouissement, des bruits atmosphériques et des bruits artificiels ainsi de brouillage permettraient de réduire les délais, les débours [11] et la dégradation de qualité de l'information contenue dans un signal.

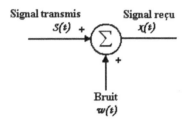

Figure 2.9 : Bruit additif

Cette figure montre l'addition de bruit avec le signal utile, le signal reçu s'écrit donc :

$x(t) = s(t) + w(t)$

Les origines de ces bruits principalement électromagnétiques dans le cas de liaison radio sont diverses :

-Bruits cosmiques : ils ont pour origine l'extérieur de l'atmosphère terrestre par exemple les rayonnements provenant des étoiles, Les caractéristiques du bruit cosmique sont analogues à celles de bruit thermique.

-Bruits atmosphériques : c'est un brouillage produit par l'atmosphère sur les trajets radioélectriques. On peut citer l'exemple de bruit provient de l'éclair.

-Bruits industriels : est généré principalement par les industries, le transport et différents sortes de perturbations crées par des machines mécaniques par exemple l'allumage d'automobiles et le bruit causé par un moteurs électriques

A ces bruits s'ajoutent les bruits électriques internes au récepteur (bruit thermique ...) [10].

Pour mesurer la force d'un bruit, on utilise l'échelle des décibels (dB). A l'augmentation de bruit le nombre de décibels associé augmente.

2.4.1. 3- Modélisation du canal de transmission

En se basant sur le caractère Passe-bande du canal radioélectrique, l'atténuation et le bruit nous pouvons donc modéliser le canal de transmission comme suit :

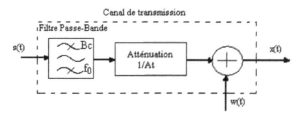

Figure 2.10 : Modèle du canal de transmission

Ainsi, dans la bande de fréquence Bc du canal, le signal reçu vaut : $x(t) = \dfrac{s(t)}{At} + w(t)$

2.4.2- Intermodulation

2.4.2.1- Définition

L'intermodulation est un problème d'interférence multi-signaux. En effet, la somme et la différence des fréquences fondamentales en présence de non-linéarités, forme un ou de plusieurs nouveaux signaux de fréquence non harmoniques indésirables responsable de l'apparition de phénomène d'intermodulation.

Le phénomène d'intermodulation est important dans les zones comportant de nombreuses antennes émettrices ou stations mobiles de manière que le signal sera plus perturbé et dégradé.

2.4.2.2- Différents types d'intermodulation

Nous décrivons, ci-dessous, les principales causes de l'intermodulation :

- Deux émetteurs sont proches

- Le récepteur est proche aux émetteurs

-Le récepteur est affecté par la puissance des signaux extérieurs [12].

-Les antennes, des connecteurs et des filtres sont considérés des sources d'intermodulation.

2.4.3- Interférence intersymbole IES

En radio communication, une interférence est la superposition de deux ou plusieurs ondes qui troublent, altèrent et déforment les bits utiles à la réception des informations. Elle caractérise donc la performance de liaison.

En fait, la propagation dans le canal radiofréquence est caractérisée par la présence de trajets multiples et la non-stationnarité des paramètres [13]. L'interférence entre les trajets multiples qui est la cause d'évanouissements et l'affaiblissement de l'onde porteuse, en plus la bande limitée est responsable à la génération des interférences inter symbole (IES), sont deux caractéristiques des canaux multi trajets.

L'IES caractérise la qualité de la liaison et l'aptitude du récepteur à discriminer les 0 et les 1 après une transmission qui a altéré et déformé les bits.

2.5- Mesure de performance d'un système de transmission

2.5.1- Diagramme de l'œil

Brièvement, le diagramme de l'œil est un oscillogramme permet d'une manière très simple d'apprécier la qualité des signaux numériques reçus. Il permet de synchroniser l'instant d'échantillonnage de signal reçu. En effet, il consiste à une superposition de plusieurs séquences binaires de signal reçu sur un oscilloscope à échantillonnage [14]. Ces séquences correspondent à un nombre d'échantillons égal à la période d'émission.

L'œil de diagramme prend deux formes soient ouverts correspond à un signal comportant un minimum de distorsion. Soit fermé traduit par la présence d'interférence (IES) ou de bruit dans la forme d'onde du signal.

L'exemple suivant montre la superposition de plusieurs réalisations du signal reçu ou plusieurs impulsions successives.

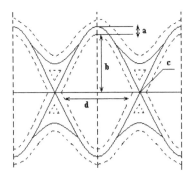

Figure 2.11: Signification des différentes zones de diagramme de l'œil

Les indications dégagées par le diagramme de l'œil sont :

- (a) : L'épaisseur de la paupière renseigne sur la présence du bruit additif

- (b) : Immunité au bruit : L'ouverture de l'œil permet de détecter la qualité de signal reçu.

- (c) : la commissure de l'œil est un indicateur de la présence de « gigue » dans le signal, où nous vérifions si la synchronisation parfaite ou non.

- (d) : Immunité à la gigue de phase dans la récupération d'horloge des symboles.

Le diagramme de l'œil présente un outil de mesures de base en transmission numérique.

2.5.2-Diagramme de constellation

Les constellations permettent de visualiser graphiquement la qualité de la transmission, de définir et de mesurer la justesse de signal reçu.

Un diagramme de constellation est la représentation en coordonnés polaires dans le plan I, Q respectivement en phase et en quadrature suivant les combinaisons de I et Q les positions des états de phases du signal modulé ayant subi une modulation numérique comme la modulation par saut de phase (PSK) ou la modulation d'amplitude en quadrature (QAM) représentés par la figure suivante .

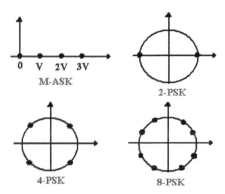

Figure 2.12 : Différents types de constellation

Chaque point représenté dans le diagramme de constellation correspond à un mot, il est intuitif de comprendre que si la distance séparant chaque mot est importante, plus le risque de confusion entre deux mots sera faible en plus La transmission est correcte si les nuages de points ayant des coordonnées identiques à celles émises.

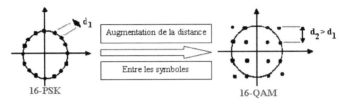

Figure 2.13 : Effet de répartition sur la distance entre deux symboles

En présence de bruit, les points sont semblables à des nuages ce qui implique l'augmentation d'erreurs.

La répartition des symboles sur le plan IQ permet d'augmenter la distance entre deux symboles et non sur un cercle.

2.6- Conclusion

Dans ce chapitre, nous avons rappelé le principe d'une transmission radiofréquence dans un système de radiocommunication. Nous avons ensuite présenté l'effet de canal radioélectrique après avoir décrit la technique de modulation numérique qui est indispensable pour la transmission de signaux numériques dans ce type de système. Nous nous intéressons dans le chapitre suivant à l'étude des différentes architectures d'émetteurs et des récepteurs en présentant les éléments de base d'un système de communication, afin de choisir le plus performant et le plus convenable pour la normes WiMAX et BLR.

-Chapitre 3-

Architectures des Emetteurs

Et des Récepteurs

3.1- Introduction

Il existe différentes topologies des systèmes d'émission-réception pour les radiocommunications. Ces topologies n'offrent pas une meilleure qualité de transmission dans un BLR pour de nombreuses raisons. D'une part, l'émergence des réseaux sans fil et la téléphonie mobile ont surchargé des bandes de fréquences allouées. D'autre part, les appareils industriels génèrent des perturbations et des interférences, ce qui nécessite des systèmes ayant des architectures de plus en plus robustes et fonctionnelles qui répondent aux paramètres de la chaîne d'émission-réception fixés par la norme et qui sont convenables pour la réception d'une boucle locale radio.

Dans ce chapitre, nous rappelons les différentes architectures utilisées dans les émetteurs et les récepteurs ainsi que les principales performances de ceux-ci à savoir la sensibilité et la sélectivité. Nous énumérons les avantages et les inconvénients de chaque architecture de récepteur tout en proposant quelques solutions afin de réparer au maximum ces inconvénients. Le choix d'une architecture homodyne est bien satisfaisant. Nous terminons ce chapitre par une solution qui consiste à modifier le démodulateur en quadratique par un démodulateur direct cinq-port.

3.2- Architecture des émetteurs

3.2.1- L'émetteur direct

Les signaux en bande de base I et Q sont mis en forme par un filtrage numérique afin de minimiser l'encombrement spectral et les interférences inter-symboles puis convertis en signaux analogiques par les convertisseurs numériques analogiques. Ils sont ensuite filtrés par un filtrage passe bas et transposés directement vers la RF par un mélangeur en quadrature IQ et un oscillateur local. Le filtre passe bande réduit les interférences produites par l'opération du mélange et limite le spectre de signal de sortie.

Finalement le signal amplifié par l'amplificateur de puissance et filtré à nouveau pour minimiser les émissions parasites et réduire le plancher de bruit de l'émission. Ces signaux parasites et le bruit large bande peuvent dégrader la sensibilité et la sélectivité d'un récepteur proche. La figure suivante montre le schéma bloc d'un émetteur direct :

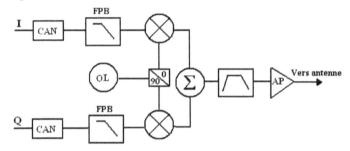

Figure 3.1: Emetteur à conversion directe

L'architecture directe a pour avantage principal l'utilisation de moins de composants. Par contre, elle souffre d'un inconvénient dû au couplage important entre l'amplificateur de puissance et l'oscillateur local. Ce phénomène est appelé « injection pulling » lorsque l'amplitude de signal OL change ou « injection locking » lorsqu' il y a variation de fréquence de OL, car le signal à la sortie de l'amplificateur modulé à haute puissance et posséde un spectre centré à la même fréquence que l'oscillateur local. Afin de réduire ce « pulling », l'opération consiste à mélanger les deux signaux OL1 et OL2 afin de générer le signal OL puis ce dernier passe par un filtre passe bande pour supprimer ou réduire à un niveau négligeable les réponses parasites du mélangeur notamment la fréquence image.

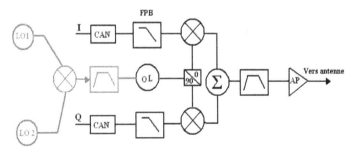

Figure 3.2 : Emetteur à conversion directe avec décalage de la fréquence LO

Les composantes ajoutées par cette solution sont représentées en rouge dans la figure ci-dessus.

3.2.2- Emetteur à double conversion ou à deux étages

L'architecture à double conversion ou à deux étages illustrés ci-dessous permet de pallier au problème de « pulling » de l'oscillateur local. En effet, le problème de « pulling » ne s'impose plus, puisque l'amplificateur de puissance et les oscillateurs locaux fonctionnent à des fréquences différentes. Dans cette architecture, les signaux I et Q sont modulés en quadrature à la fréquence intermédiaire FI=f1. Le signal FI est filtré par un filtre passe bande pour supprimer ou réduire les harmoniques générées par le mélangeur IQ. Le signal est ensuite transposé vers le RF par un mélangeur et un second oscillateur et filtré à nouveau avant qu'il passe par l'amplificateur de puissance pour supprimer le signal image centrée autour de f1-f2.

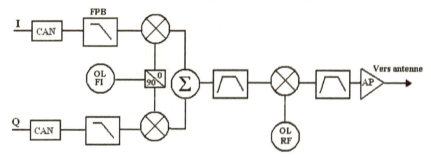

Figure 3.3 : Emetteur à deux étages

L'avantage de ce principe est que la fréquence aux bornes de l'amplificateur FI, comme fréquence intermédiaire, est fixe. On peut donc envisager un filtrage sélectif à la fréquence FI. Cette architecture présente d'autres avantages par rapport à celle de l'émetteur direct, car elle garantit un meilleur appariement des voies I et Q. Ceci est lié au fait que la modulation IQ est réalisée à une fréquence inférieure FI par rapport à la fréquence RF donc un bon appariement et procure moins d'interférence entre les deux trames I et Q.

Pour minimiser les bruits transmis dans les canaux adjacents, on peut remplacer la fréquence RF par la fréquence FI dans le filtre de canal.

L'inconvénient de cette architecture réside dans la réalisation du deuxième filtre passe bande qui est censé éliminer les bandes latérales indésirables générées par le mélangeur ayant la même amplitude et une bande passante à des fréquences élevées.

3.3- Architectures des récepteurs RF

Il existe différentes architectures pour les systèmes de réception RF. Elles se caractérisent par la disposition et le nombre des blocs qu'elles utilisent, mais elles doivent répondre aux paramètres techniques fixés par la norme. Un niveau d'intégration élevée, une grande flexibilité et une faible consommation sont les principaux critères de choix d'une architecture. Mais, le développement rapide des communications sans fils et l'émergence de nouveaux standards, comme on vient de le mentionner, ont sollicité la demande pour des récepteurs radio multi-modes à faible coût ce qui rend le critère d'adaptabilité au multistandard l'un des principaux critères pour le choix définitif d'une architecture.

3.3.1- Performances du récepteur

- La sensibilité: c'est la faculté qu'à un récepteur à délivre un signal intelligible et exploitable en sortie [15]. Plus un récepteur est sensible, plus il est capable de recevoir à leur entré des signaux de faible amplitude ou de puissance minimale qui donne un rapport signal sur bruit correspondant à un taux d'erreur binaire TEB donné assez suffisant pour détecter le signal dans de bonnes conditions sans détériorer le BER. Le signal le plus faible que le système peut détecter est tel que le rapport signal sur bruit en sortie sera nul.

- La sélectivité: La sélectivité est la capacité du récepteur de détecter le canal désiré malgré la présence de canaux adjacents et de signaux perturbateurs à des fréquences voisins. Une très bonne sélectivité se traduira par l'isolation complète des canaux adjacents, et ainsi nous ne recevrons pas d'autres fréquences ou traces d'émissions parasites voisines.

- La stabilité: c'est la conservation d'un comportement identique malgré la variation de paramètres extérieurs: temps, température, etc. Plus un récepteur est stable plus ses éléments internes (oscillateur, filtres, amplificateur...) conservent leur comportement propre. Une mauvaise stabilité se traduira par une dégradation de la réception d'une station émettrice. Dans les récepteurs superhétérodynes, la stabilité du récepteur est déterminée par la stabilité en fréquence de l'oscillateur local. La stabilité s'exprime en Hz/°C ou en Hz/V [16].

- Le rapport signal sur bruit (S/N) désigne la qualité d'information transmise par rapport aux parasites, c'est le critère privilégié pour l'évaluation de la performance d'un récepteur à modulation numérique. En effet, un rapport signal sur bruit faible en sortie d'un récepteur se traduira par la superposition d'un bruit parasite important au signal utile.

- La fidélité: c'est l'aptitude d'un récepteur à reproduire le plus fidèlement possible le message dans son intégralité sans ajout d'effets parasites, la distorsion du récepteur donc faible, pas de modification d'amplitude, de fréquence ou de phase.

- **facteur de bruit :** Le facteur de bruit NF d'un récepteur ou d'un bloc, est un critère qui permet d'apprécier la qualité d'un système en fonction du bruit [17] en sortie et en entrée d'un étage. Il caractérise donc la dégradation du rapport signal sur bruit du signal SNR apportée par cet étage. C'est donc le rapport entre le SNR à l'entrée et à la sortie du système considéré, le facteur de bruit est exprimé par :

$$NF + \frac{SNR_{in}}{SNR_{out}} \text{ Où } NF = SNR_{in} - SNR_{out} \text{ (en dB)} \tag{3.1}$$

- **Linéarité et Intermodulation**

Généralement un circuit n'est pas un dispositif parfaitement linéaire, donc sa fonction de transfert est non-linéaire.

$x(t)$ ——|$\triangleright$|—— $y(t)$

Figure. 3.4 : Système non-linéaire

La fonction de transfert de système peut être modélisée par la relation suivante :

$$y(t) = a_1 x(t) + a_2 x^2(t) + a_3 x^3(t) + ... \tag{3.2}$$

Où les n sont des coefficients.

On suppose x (t) est le signal d'entrée et y (t) la réponse du système.

Si on applique deux signaux à l'entrée d'un élément non linéaire tels que :

$$x(t) = A \sin(w_1 t) + B \sin(w_2 t)$$

Nous développons l'équation (3.2) de la manière suivante

$$y(t) = a_1 A \sin(w_1 t) + a_1 B \sin(w_1 t)$$

$$+ a_2 A^2 \sin^2(w_1 t) + 2a_2 AB \sin(w_1 t) \sin(w_2 t) + a_2 B^2 \sin^2(w_2 t)$$

$$+ a_3 A^3 \sin^3(w_1 t) + 3a_3 A^2 B \sin^2(w_1 t) \sin(w_1 t) + 3a_3 AB^2 \sin(w_1 t) \sin^2(w_2 t) + a_3 B^3 \sin^3(w_2 t) + a2 A^2$$

+ Etc. (3.3)

Seule la première partie est linéaire, généralement, les produits d'intermodulation sont de la forme (p w_1 w q w_2) où le terme (p+q) est appelé l'ordre d'intermodulation.

w_1 , w_2 , 2 w_1 , 2 w_2 , 3 w_1 , 3 w_2	ce sont les fréquences fondamentales et les harmoniques,
(w_1 w w_2)	intermodulation du $2^{\text{éme}}$ ordre
(2w_1 w w_2) et (2w_2 w w_1)	intermodulation du $3^{\text{éme}}$ ordre
(3w_1 w w_2) , (2w_1 w 2w_2) et (3w_2 w w_1)	Intermodulation du $4^{\text{éme}}$ ordre
et ainsi de suite	

Tableau 3.1 : Ordre d'intermodulation

Où w s'écrit en fonction de w_1 et w_2

La non-linéarité de signal produit une distorsion ou une saturation de celui-ci.

On trouve :

- La distorsion harmonique : c'est la génération d'harmoniques du signal d'entrée.
- Une distorsion d'inter modulation : c'est la génération des parasites à des fréquences voisines aux fréquences d'entrée.

Nous allons donc présenter ces différents types de distorsion causée par la non-linéarité de système en particulier par le récepteur homodyne.

La figure ci-dessous illustre un exemple d'intermodulation d'un récepteur excité par deux sinusoïdes de même amplitude et de fréquences $f1$ et $f2$ suffisamment proches susceptibles de générer des interférences dans la bande de ce signal utile. Ces interférences sont essentiellement dues à la non-linéarité d'ordre deux et trois du récepteur (18). En présence de deux signaux parasites.

$$A\cos(2\pi f_1 t) + A\cos(2\pi f_2) \tag{3.4}$$

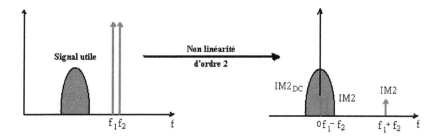

Figure 3.5: Intermodulation d'ordre 2

- dynamique :

La dynamique est un paramètre qui caractérise aussi bien le récepteur que les signaux qui le traversent [19], Elles s'expriment en dB. En effet, la dynamique d'un signal est la différence entre sa puissance maximale et sa puissance minimale. Pour un système, la dynamique est la différence entre le signal maximal que le système peut traiter sans déformation et distorsions et le signal le plus faible, déterminé par le bruit du récepteur que le système peut détecter.

- Gain : Le gain global du récepteur est défini par le rapport entre le niveau souhaité en sortie et le niveau le plus faible attendu en entrée. Le signal utile peut être très faible, alors le récepteur doit lui fournir le maximum de gain possible tout en conservant la qualité de signal utile sans saturer les étages en aval comme le CAN [19] et sans augmente l'interférence existant dans le signal utile.

3.3.2-Composantes de base d'un récepteur

Les différentes architectures de récepteur radio fréquence sont constituées d'un nombre de bloc bien disposé et répondants aux paramètres techniques fixé par la norme. On distingue les composantes de base suivantes :
- LNA : Amplificateur faible bruit est un dispositif essentiel et primordial pour toute chaine de réception. Il est chargé de mettre en forme les signaux très faibles captés par une antenne [24]. En plus, ces caractéristiques en bruit et gain influent sur la performance en bruit globale de toute la chaine ainsi que sur la performance en linéarité.
En fait, le LNA permet de renforcer la puissance du signal désiré tout en réduisant le bruit et la distorsion de telle sorte que la détection de signal désiré est possible.

- Mélangeur (Mixers : up-converter et down-converter) : le mélangeur est un dispositif qui consiste à mélanger la fréquence de signal d'entrée et l'oscillateur local. Sa présence est indispensable dans un système des communications radio puisqu'il assure la transposition de fréquence de signal utile, sans le modifier, en hyperfréquence RF à l'émission afin de profiter des conditions de propagation favorables [25]. Par contre, il permet à la réception de transposé le signal reçu en provenance de l'antenne vers les basses fréquences FI ou directement en bande de base donc le mélangeur peut fonctionner avec deux modes up-converter et down converter où l'un de deux est up-converter et présente l'augmentation de signal utile à l'inverse down-converter correspond à la diminution de fréquence de signal utile.

La figure suivante résume ce phénomène

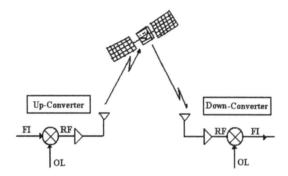

Figure 3.6 : Illustration des fonctions Up-et Down-Converter

Cependant, le mélangeur souffre de forts problèmes en termes de gain, de bruit, de linéarité et d'isolation.

- CAG : nommé commande automatique de gain ou contrôle automatique de gain c'est un composant clé du récepteur puisqu'il apporte le maximum de gain et de sélectivité à celui-ci.

En fait, c'est une tension qui varie au rythme du signal reçu afin d'ajuster le gain des étages d'amplifications dans une plage optimale [26].

- Filtre RF : le filtre permet la sélection en bande de base à l'entrée de réception, d'éviter le repliement de spectre dans le canal ainsi que la sélection de spectre par l'affaiblissement des signaux adjacents.

La possibilité d'intégrer un filtre peut être déterminée par les contraintes imposées à ce filtre en termes de sélectivités, de fréquence centrale et de perte d'insertion.

3.3.3- Récepteur superhétérodyne

C'est l'architecture la plus classique. Le principe du récepteur superhétérodyne consiste à la transposition du signal RF reçu autour d'une fréquence intermédiaire (FI) fixe. Si cette transposition se fait en une seule étape, le récepteur est hétérodyne, si elle nécessite plusieurs étapes alors le récepteur est appelé superhétérodyne [20].

Dans ce type de récepteur, on choisit la fréquence de l'oscillateur local fol de telle façon que l'on ait toujours une fréquence intermédiaire FI constante. Le choix du canal utile est réalisé par ajustement de fol par un balayage de toute la bande de réception. Un filtre radiofréquence assure une première sélection du canal de la bande de réception. Ensuite une deuxième sélection du canal est réalisée aux fréquences intermédiaires (FI1 et FI2) avec des filtres sélectifs. Généralement, ce sont des filtres non intégrables donc ils encombrent et dégradent le facteur du bruit de la chaîne.

La sélection du canal ou transposition du spectre se réalise par la multiplication du signal RF avec le signal issu d'un oscillateur local à la fréquence fol1, puis par la multiplication du signal résultant par le signal d'un second oscillateur local à la fréquence fol2, centré sur la fréquence du canal voulue [18].

La démodulation permet de générer les signaux en quadrature I et Q à l'aide de deux mélangeurs associés à un oscillateur local pour ne pas perdre l'information. La sélection du canal, ainsi qu'une grande partie du contrôle de gain, sont réalisées en bande de base. Pour finir, le signal est ensuite numérisé pour être traité numériquement.

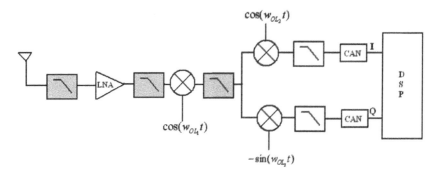

Figure 3.7 : Architecture d'un récepteur superhétérodyne

Les éléments en gris sont des éléments non intégrables.

Malheureusement, tout signal symétrique au signal utile par rapport à la fréquence de l'oscillateur local, appelé signal image, se retrouve alors autour de la fréquence intermédiaire comme le montre la figure 3.7. Ceci peut ainsi nuire à la détection du signal désiré, car ce signal parasite est inséparable du signal utile. Un filtre image est donc placé devant le mélangeur pour atténuer ce signal image. Ce filtre sert aussi à éliminer le bruit à la sortie du LNA situé à la fréquence image qui peut être transposé dans le canal utile par le mélangeur.

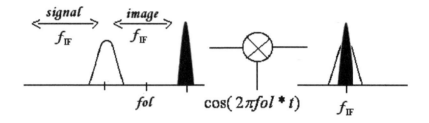

Figure 3.8 : Effets de la fréquence image

En fait, un signal interférant se trouvant à mi-distance entre le signal RF et LO produit un second harmonique dû à la distorsion d'ordre 2, ce second harmonique est transposé à la fréquence FI par l'oscillateur local. Ainsi, vu les harmoniques et les fréquences parasites qui sont en jeu, cette architecture présente des inconvénients qui la rendent peu performante particulièrement dans l'intégration des différents filtres discrets à fort Q (Filtre de présélection, image et FI). Ce récepteur est le plus utilisé dans les mobiles de deuxième génération, grâce à ses bonnes performances en termes de sélectivité et de sensibilité, mais il est consommatrice et incompatible aux applications multistandards.

3.3.4- Récepteur à conversion directe ou homodyne

Récepteur à FI zéro, homodyne ou à conversion directe, cette architecture a été inventée par Colebraok en 1924 [21].

Afin de pallier aux difficultés qui sont introduites par le concept de la réception superhétérodyne. La solution apportée par le récepteur homodyne est de supprimer ou d'annuler purement et simplement cette FI, Ceci revient donc à transposer le signal directement en bande de base.

Le signal utile est directement transposé autour de la fréquence nulle FI= $f_{RF} - f_{ol}$ =0, illustré par la figure 3.9. Cette transposition est faite à l'aide d'un oscillateur local (OL) fonctionnant à une fréquence égale à celle du canal sélectionné, après filtrage radiofréquence et amplification à faible bruit par l'amplificateur LNA.

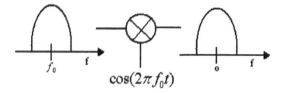

Figure 3.9 : Principe de la conversion directe

Le schéma bloc d'un récepteur à conversion directe ou homodyne est fourni sur la Figure suivante :

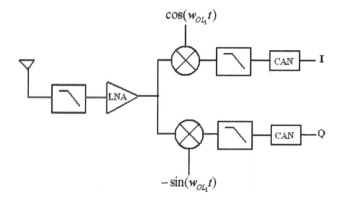

Figure 3.10 : Architecture d'un récepteur à conversion directe

L'architecture de réception à conversion directe offre un degré important d'intégration. Elle fournit beaucoup plus d'avantages que l'architecture superhétérodyne. En premier lieu, le problème de la fréquence image n'a plus raison d'exister puisque la fréquence intermédiaire est nulle. En second lieu, les filtres IF existants dans le récepteur superhétérodyne et les étages suivants sont remplacés par des filtres passe-bas et ont besoin d'une faible consommation, car ils fonctionnent à faible fréquence, ou encore il est possible de réaliser ce type de démodulation grâce à ces filtres numériques sans dégradation du signal reçu. En dernier lieu, La translation du signal aux basses fréquences permet d'éliminer les étages intermédiaires et l'adaptation d'impédance nécessaire après le LNA.

De plus, les amplificateurs en bande de base comme l'amplificateur à gain ajustable (AGC) sont désormais intégrables sur une puce. Donc le filtrage et l'amplification sont bien répartis en bande de base afin d'avoir de bonnes performances.

La transposition de signal se fait par rapport à la fréquence centrale du canal dans laquelle le spectre à gauche de la fréquence centrale se superpose à celui de droite, devenant inséparable [18] donc le problème de la fréquence image n'est pas parfaitement résolu

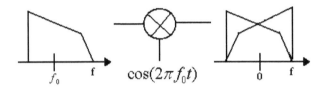

Figure 3.11: Effets de la fréquence image dans un récepteur homodyne

La séparation des composantes en phase (I) et en quadrature (Q) du signal est la solution adoptée pour s'affranchir au problème de la fréquence image. La translation du signal se fait par la multiplication de signal RF par l'oscillateur local à l'aide d'un mélangeur, ceci étant pour chaque voie où les oscillateurs local sont en quadrature.

Le récepteur homodyne offre l'avantage d'une forte intégrabilité et la possibilité d'adresser différents standards, car le filtrage canal en bande de base en analogique ou numérique permet de réaliser des filtres programmables qui sont capables de couvrir différents standards [18]

Ce récepteur possède, malgré sa simplicité et son intégrabilité, un certain nombre des problèmes n'existent pas ou qui sont moins critiques dans un récepteur superhétérodyne dont le problème du « DC-offset », l'appariement entre les voies I et Q et le bruit en 1/f sont les principaux inconvénients provoqués par ce type de récepteur

Nous allons détailler les sources de ces problèmes et l'étude de performance de récepteur homodyne tout en offrant les solutions adéquates.

3.3.5- Récepteur à faible fréquence intermédiaire ou low-IF

L'architecture de réception à faible fréquence intermédiaire est une solution intermédiaire entre les deux architectures précédentes [21]. De la même manière que pour le récepteur "Zéro-IF", le principe de fonctionnement de ce récepteur consiste à transposer le signal radiofréquence directement en bande de base, mais avec une fréquence intermédiaire très faible, Ceci permet de réduire le nombre des composants fonctionnant dans le domaine des radios fréquences .En effet, il permet de pallier aux problèmes du composant continu DC-offset indésirable lors de la sélection de canal et du bruit en 1/f. Cependant, il est corrompu par les problèmes de la fréquence image.

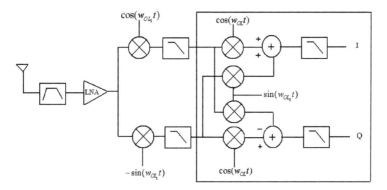

Figure 3.12 : Architecture d'un récepteur faible FI ou Low IF

Les difficultés sont repoussées vers la bande de base qui doit analyser numériquement toute la bande de réception, c'est comme dans le récepteur homodyne, avec des contraintes sévères pour ses composants, en termes de dynamique et de linéarité. Mais cette architecture reste sensible aux erreurs d'appariement entre les voies I et Q. Cette architecture est aussi moins sensible à la distorsion d'intermodulation d'ordre 2 à l'inverse au récepteur à conversion directe, par contre elle s'affranchit aux problèmes d'offset ce qui n'et pas le cas pour la réjection d'image. En effet, une fréquence intermédiaire non nulle réintroduit les problèmes auxquels se confrontent les architectures hétérodynes [21].

Un filtre de réjection d'image placé avant le mélangeur fait perdre un grand nombre des avantages par le passage aux basses fréquences en un seul étage. Donc il s'avère plus judicieux de supprimer la fréquence image à l'aide de méthodes développées par Hartley ou Weaver présentées respectivement par la figure 3.13 et la figure 3.14 La réjection de ce signal image est généralement implantée dans le domaine numérique, Ces méthodes de réjection d'image peuvent être réalisées en analogique qui est limitée à –45 dB à cause du non-appariement des voies I et Q. Ainsi, la réjection d'image dans le domaine numérique est meilleure qu'en analogique.

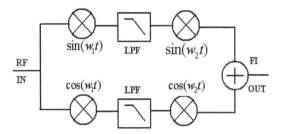

Figure 3.13: Récepteur faible FI à réjection d'image de type Weaver digital

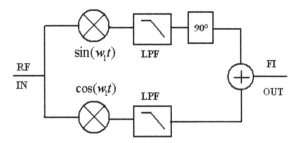

Figure 3.14: Récepteur faible FI à réjection d'image de type Hartley

Mais la réjection d'image que l'on peut réaliser avec ces deux méthodes reste encore limitée par les erreurs d'appariement entre les voies I et Q. La fréquence intermédiaire doit être choisie avec soin afin d'atténuer suffisamment le spectre image. Pour un FI est relativement élevée, Le filtre radiofréquence peut atténuer une partie de l'image. Donc, il faut trouver le meilleur compromis entre la réjection de l'image et la complexité du traitement du signal en bande de base.

Cette architecture est le mieux adaptée pour le Bluetooth ainsi que pour le ZigBee [21]

Le non-appariement ente les voies I et Q est plus critique dans ce genre de récepteur que dans le récepteur à conversion directe à cause de la réjection d'image. Ce récepteur est comparable au récepteur à conversion directe du point de vue intégration.

3.3.6- Choix d'une architecture homodyne

Une recherche intensive est l'objet de cette architecture grâce à ces avantages par rapport à la structure superhétérodyne précisément en termes d'intégration de consommation et le coût, mais elle est sensible au problème d'offset et au bruit en 1/f.

Le tableau 3.2, reporte un bilan comparatif des particularités des trois types de récepteurs de radiocommunication étudiés précédemment.

Type de réception		Hétérodyne	Homodyne	
		Superhétérodyne	Conversion direct	Low-IF
F O N C T I O N	filtrage	Simple mais généralement non Intégrable	Le filtrage est plus complexe avec un récepteur Low-IF qu'avec un récepteur à conversion directe	
	CAG	Simple	Possibilités limitées Avec un choix de Résolution de l'ADC	Grande souplesse avec un choix de résolution de l'ADC
	Réjection image	70 dB	Non concernée	51 dB
	Analogique / Numérique	Purement analogique	Peut être purement Analogique	Partie numérique Complexe
	Multistandard	Non adaptée pour le Multibande et le Multimode	Très bien adaptée Même pour le large Bande	Très bien adaptée sauf pour le large bande
	Particularités	Demi-fréquence Image	Sensible au DC-Offset et au bruit en 1/f	Choix de la FI

Tableau 3.2 : Particularités de chaque récepteur

Les récepteurs hétérodynes ont été largement employés pour les systèmes de deuxième génération, ceci à cause de leurs très bonnes performances en termes d'immunité au bruit, de sélectivité et de sensibilité. Cependant, il présente des inconvénients incontournables à part sa complexité et son incompatibilité avec les systèmes multi-mode/multi-bandes en plus leur consommation et leur encombrement font que les systèmes à conversion directe voient le jour, notamment pour le GSM et Bluetooth et le WiMAX qui remplissent parfaitement le rôle d'intégrabilité et la compatibilité avec différents standards. Le phénomène de translater directement le signal reçu en bande de base par le récepteur homodyne permet de réduire le nombre de composants extérieurs. En effet, la suppression des filtres de fréquence intermédiaire et les autres étages intermédiaires, permet d'intégrer la partie analogique de la chaîne de réception (RF et bande de base) en une ou deux puces, réduisant de manière significative la surface et minimisant les problèmes de pertes d'insertion.

Néanmoins, la conversion directe présente l'inconvénient d'introduire une composante continue DC-offset, causée essentiellement par une imparfaite isolation du mélangeur.

L'architecture à faible FI cherche à pallier ce défaut en ramenant la bande autour d'une fréquence basse afin de supprimer le DC-offset et limiter le bruit en 1/f. De plus elle offre de réelles potentialités grâce à son haut niveau d'intégration et une grande sensibilité, mais elle est plus efficace pour les standards à bande étroite (Bluetooth) que pour les standards à large bande.

Par conséquent, les nouvelles architectures se basent sur les architectures homodyne et/ou à faible FI qui offrent surtout un degré d'intégration élevé donc une faible consommation et un faible coût. L'architecture Zero-IF, qui recevra principalement les standards : GSM, UMTS, WLAN et WiMAX.

Les récepteurs zéro-IF et Low-IF ont une forte intégration et implémentation multi standard donc assurer la compatibilité avec différent normes. Dans le cas de systèmes à bande étroite, le choix de récepteurs Low-IF s'avère plus pertinent à la moyenne. En revanche, l'évolution technologique va dans le sens de l'augmentation des fréquences de travail donc cette architecture reste prometteuse à moyen terme. Dans les systèmes de troisièmes générations les problèmes dérangeant le récepteur à conversion directe classique semble moins important. On peut citer un système large bande comme l'UMTS qui est moins sensible au DC offset et au bruit en 1/f. De plus, différentes solutions matérielles et logicielles sont étudiées pour s'affranchir de la composante continue indésirable, précisément par des algorithmes de compensation réalisés par le DSP.

L'architecture Zero-IF conçues pour des applications multistandards et pour la réception des standards IEEE 802.11g, GSM et WCDMA [20].

Actuellement, les réalisations de récepteurs WCDMA nécessitent essentiellement des récepteurs à conversion directe qui peuvent être intégrées en une ou de plusieurs puces.

En tenant compte de toutes ces considérations, le récepteur homodyne est le choix final, car il se révèle plus adapté à une réception multistandards. De ce fait, c'est l'architecture le mieux adaptée pour le système radio WIMAX.

3.4- Etude de performance d'un récepteur homodyne

3.4.1- Problèmes et solutions

Le récepteur homodyne, malgré ces nombreux avantages, souffre des problèmes que nous détaillons par la suite tout en découvrant les sources de ces problèmes. Par la suite, nous proposons quelques solutions afin de les compenser. Afin de simuler la performance de récepteur homodyne, nous l'introduisons dans une chaine de transmission réalisée par simulink et présentée dans l'annexe A.

3.4.2-Problème lié à la composante continue (DC offset)

En conversion directe, comme le signal utile est transposé directement en bande de base, sans utiliser d'autres filtres que le filtre RF de sélection de bande, une tension continue de décalage ou DC-offset qui apparaît dans la bande du signal utile ce qui n'est pas toujours aisé de s'en débarrasser. Ce DC-offset dégrade le rapport signal sur bruit à la sortie du mélangeur et peut saturer les étages suivants de la bande de base corrompant ainsi le signal utile. En effet, le mélangeur n'isole pas parfaitement l'oscillateur local du LNA et inversement c'est -à-dire qu'une fuite, non négligeable, provenant de la LO peut apparaître, comme l'indique la figure ci-dessous

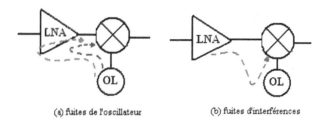

(a) fuites de l'oscillateur   (b) fuites d'interférences

Figure 3.15 : Fuites de l'oscillateur local et du LNA

La Figure 3.15 illustre les mécanismes de couplage ou de fuites qui sont responsables à la génération de tension continue à la sortie des mélangeurs, Ce problème devient d'autant plus grave que cet offset varie avec le temps. Le mélange du signal provenant de l'oscillateur avec une partie de lui-même qui se couple à l'entrée RF du mélangeur produit un offset DC.

Une partie de signal couplé contenu dans la bande passante de filtre de présélection et l'antenne peut être réfléchie par l'environnement extérieur donc reçue à nouveau par l'antenne et s'auto-mélanger ainsi avec le signal OL pour générer une tension DC- offset variable dans le temps d'où le nom de DC-offset dynamique. En plus, ce signal apparaît comme un parasite pour les autres récepteurs. Il est difficile alors dans ces conditions de distinguer le signal utile de l'offset dynamique. La figure suivante résume le phénomène d'apparition de DC-offset.

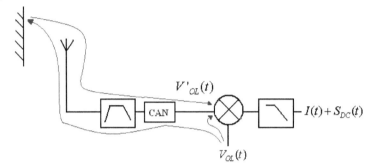

Figure 3.16 : Phénomène d'apparition de DC-offset

Nous supposons que l'oscillateur local a pour expression :

$$V_{ol}(t) = A_{ol}\cos(2\pi f_0 t)$$

Une fraction du signal se fuit de l'oscillateur local et est se réinjecté sur le port RF comme nous avons expliqué précédemment correspond au signal parasite qui à pour expression :

$$V_{ol}^{'}(t) = \alpha A_{ol}\cos(2\pi f_0 t + \varphi)$$

A la sortie de démodulateur, nous obtiendrons un DC-offset généré par le mélange de ces deux signaux dans le mélangeur, cette tension continue peut- être représentée par l'expression ci-dessous :

$$S_{DC} = k A_{ol}\cos(\varphi)$$

Comme nous avons décrit la présence de nombreux inconvénient influent directement sur la performance de signal utile. Il s'ajoute aux inconvénients précédents produits par la présence de tension continue indésirable sur les deux voies I et Q, le décentrage de la constellation de phase illustré dans la figure suivante :

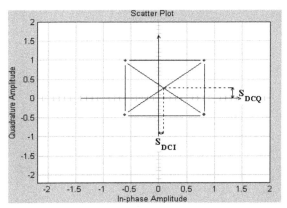

Figure 3.17 : Décentrage de la constellation à la présence de DC-offset dans une modulation QPSK

La figure 3.17 montre le décentrage de la constellation de phase représentant une modulation QPSK en présence de DC-offset

Nous avons $S_{DC} = \sqrt{s^2{}_{DCI} + s^2{}_{DCQ}}$

Avec $s_{DCI} = 0.1$ et $s_{DCQ} = 0.28$ correspond respectivement aux voies I et Q

Donc le DC offset résultante est : $S_{DC} = 0.3$ représente 15% de l'amplitude de signal utile.

Cette figure montre un décalage des symboles reçus par rapport aux symboles originaux. Par conséquent, elle présente les erreurs qui influent sur la qualité de séquence binaire régénéré à partir de ces symboles.

L'influence de cette tension continue indésirable sur le taux d'erreur binaire TEB d'une démodulation QPSK est illustrée par la figure ci-dessous.

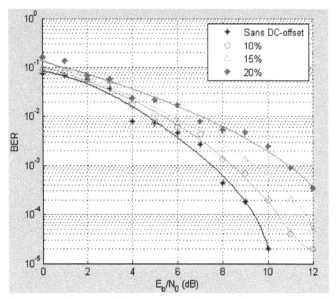

Figure 3.18 : Effet d'un DC-offset sur le BER d'une démodulation QPSK

La simulation est faite avec différentes valeurs de DC-offset pour 10^5 bit transmis à l'aide d'un outil d'analyse de taux d'erreur binaire présenté dans l'annexe B.

Nous avons obtenu les courbes correspondantes aux taux d'erreur binaire pour trois valeurs de DC-offset, en présence d'un bruit blanc additif gaussien AWGN. La figure montre que l'augmentation de tension continue dégrade le rapport signal sur bruit. D'après la figure 3.18, ce rapport est détérioré de 4dB pour un BER = 10^{-3} avec un DC-offset représentant 20% de l'amplitude de signal utile.

Nous pouvons minimiser ces fuites par une bonne isolation du LNA et des mélangeurs. L'utilisation d'un oscillateur local opérant au double de la fréquence RF suivi d'une division par deux permet de réduire l'offset DC. En utilisant un filtrage passe haut à la sortie des mélangeurs on peut se débarrasser de l'offset DC en bande de base à la sortie du mélangeur, tel qu'un couplage capacitif (condensateur en série). Malgré la simplicité de cette solution, elle souffre de nombreux inconvénients, d'une part si la densité spectrale n'est pas négligeable autour de la fréquence nulle. Les composantes $s_{DCQ}(t)$ et $s_{DCI}(t)$ vont subir alors des distorsions causées par le filtre passe haut. D'autre part, l'élimination totale de DC-offset n'est pas garantie par un tel système puisque le condensateur possède une valeur fixe.

Une autre solution plus efficace et plus simple consiste à estimer la DC-offset variable par moyennage et aux soustraire aux signaux $s_{DCQ}(t)$ et $s_{DCI}(t)$, ces valeurs à soustraire doivent être adaptées à la variation des DC-offset. Ceci est garanti par l'ajustement de largeur de fenêtre de moyennage.

L'offset peut être aussi éliminé par un algorithme dans le DSP [21].

En plus des mécanismes cités précédemment et le non-appariement des composants des blocs en bande de base créent un DC-offset. Cette architecture souffre d'un deuxième problème c'est le bruit 1/f ou bruit de Flicker. En effet, ce bruit s'ajoute directement au signal utile et est transposé en DC-offset.

3.4.3-Problème lié à l'appariement entre les voies I et Q

Outre les problèmes déjà cités auparavant, ce récepteur est très sensible à l'appariement des voies I et Q à cause de la non-idéalité des composants. Une légère différence de gain ou de phase entre les deux voies crée des erreurs au niveau de l'information reçue.

La deuxième raison est liée à la topologie même du récepteur, il est dû à l'existence de deux branches en quadrature ce qui engendre l'apparition d'un appariement imprécis entre les deux voies I et Q montré par la figure suivante :

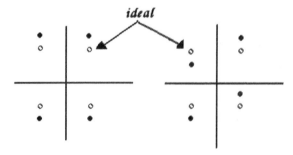

Figure 3.19 : Effet d'un appariement entre les voies I et Q.
Constellation avec erreur, (a) en gain, (b) en phase.

Cette figure illustre l'effet de déséquilibre respectivement en gain (a) et en phase (b) entre le deux voies avec la présence de bruit AWGN.

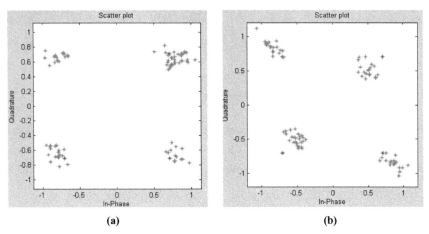

(a)   (b)

Figure 3.20 : Effet de non appariement en gain (a) et en phase (b) avec une constellation
QPSK

Les couleurs bleu et rouge correspondent respectivement à la constellation de phase originale
et à la constellation de phase détériorée.

La figure (a) est réalisée avec une erreur de gain de valeur égale à 25% entre les voies I et Q
alors que la figure (b) présente une erreur de phase de 30° entre le deux voies I et Q.

Le non-appariement se manifeste soit par une erreur de gain ou par une erreur de phase ou le
deux en même temps. Ainsi, ils déforment la constellation de phase (figure 3.20) et
augmentent ainsi les nombres d'erreurs sur la séquence binaire à générer lors de la décision
prise sur les symboles reçus.

La figure suivante montre l'impact des non-appariements en gain entre les voies I et Q sur le
TEB d'une modulation QPSK.

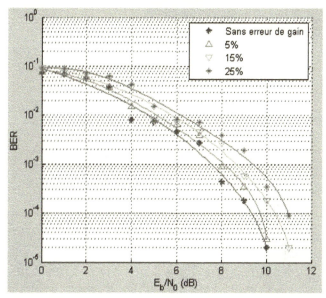

Figure 3.21 : Effet d'un déséquilibre en gain sur le BER d'une modulation QPSK

Cette figure est obtenue par une simulation avec différentes valeurs d'erreurs de gain pour 10^5 bits. Ainsi nous pouvons remarquer que lorsque l'erreur sur le gain augmente le rapport signal sur bruit est altéré. En effet, pour une valeur de BER $=10^{-3}$, ce rapport signal sur bruit est dégradé de 2 dB avec une erreur de gain de 25% entre les voies I et Q.
La figure suivante montre l'effet des déséquilibres en phase entre les voies I et Q

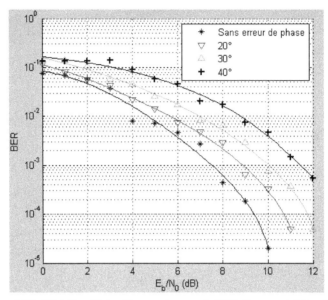

Figure 3.22 : Effet d'un déséquilibre en phase sur le BER d'une modulation QPSK

Le non-appariement en phase va détériore le rapport signal sur bruit. A titre d'exemple, pour une erreur de phase de 40° entre les voies I et Q et avec un taux d'erreur binaire TEB qui vaut 10^{-3}, le rapport signal sur bruit est dégradé de 4 dB.

L'erreur de gain apparaît simplement comme une erreur sur l'amplitude, soit augmentation ou diminution de ce dernier. Cependant, l'erreur de phase est détériorée beaucoup plus sur la qualité de signal ce qui dégrade essentiellement le rapport signal sur bruit.

Dans le récepteur à conversion directe, le passage à deux voies I et Q se fait juste après l'amplificateur à faible bruit (LNA), l'erreur d'appariement se propageant et s'amplifiant tout au long des voies. Ce qui explique que la tolérance pour l'erreur de gain et surtout de phase dans une telle architecture est plus contraignante [18].

3.4.4-Problème lié au bruit en 1/f

Dans l'architecture à conversion directe, la fréquence est translatée autour de la fréquence nulle ce qui rend le bruit d'entrée des étages amplificateurs et filtres très critique. Par conséquent, dans ces conditions, le bruit en 1/f des composants dégrade énormément le signal utile. De plus ce bruit en 1/f complique l'utilisation de transistors MOS pour les circuits RF. Mais la réduction de cette complexité s'avère non pertinent puisqu'elle est basée sur l'augmentation de la taille des transistors. L'accroissement de la taille engendre une augmentation de la capacité et donc une dégradation du gain RF.

En général, des techniques existent pour s'affranchir au mieux des composantes très basses fréquences non voulues tel que le bruit 1/f. En effet, un filtre passe-haut intégré en sortie des voies I et Q permet la suppression de cette énergie perturbatrice à faible fréquence. A condition que la modulation soit compatible avec ce type de filtrage, c'est-à-dire, présente une énergie faible aux basses fréquences [21].

3.4.5- Compensation d'intermodulation d'ordre 2

La distorsion d'intermodulation apparaît quand un élément non linéaire (amplificateur, mélangeur, etc.) est attaqué par un signal voisin fort ou simultanément par deux signaux. Or notre chaîne de réception présente des éléments non linéaires comme l'amplificateur à faible bruit LNA et le mélangeur en plus le récepteur homodyne souffre d'une fuite de signal parasite à cause d'une mauvaise isolation entre le port RF et l'oscillateur local. Par conséquent, l'effet des non-linéarités d'ordre pair et les fuites sur les performances du système ne sont pas négligeables.

En effet, un signal brouilleur f_{adj} de forte puissance et proche du signal utile est capté en même temps par l'antenne RF. La figure 3.23 illustre ce phénomène, mais avec une seule voie Q.

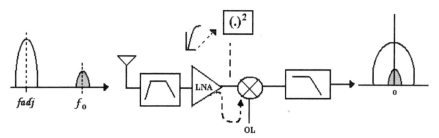

Figure 3.23 : Effet de l'intermodulation d'ordre 2

En réception, nous avons reçu le deux signaux utiles et le signal perturbateur, comme le montre la figure 3.23, qui a l'expression suivante :

$$S_{adj} = A_{adj}(I_{adj}(t)\cos(2\pi f_{adj}t) - Q_{adj}(t)\sin(2\pi f_{adj}(t)))$$

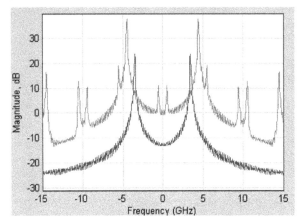

Figure 3.24 : Le signal utile et adjacent à l'entrée de l'antenne de réception

Le signal utile et le signal adjacent sont respectivement représentés en bleu et en rouge. A la sortie de l'amplificateur LNA, une fraction de signal d'entrée s'enfuit vers l'oscillateur local qui contient le signal perturbateur fort puis s'est retrouvé mélanger avec lui-même à la sortie de mélangeur alors que le produit résultant est ramène en bande de base s'écrit sous la forme suivante :

$$Spert(t) = K(I^2_{adj}(t) + Q_{adj}^2(t))$$

Le signal adjacent peut perturber le signal utile puisque les deux signaux sont en bande de base. De ce fait il devient difficile de se débarrasser de signal non désiré.

Pour résoudre ce problème, nous avons envisagé deux solutions la première est proposée par Faulkner qui introduit des modifications au modèle initial de la chaine de transmission illustrée dans la figure 3.25 où une seule voie est représentée, la totalité de la chaine est expliquée dans l'annexe C.

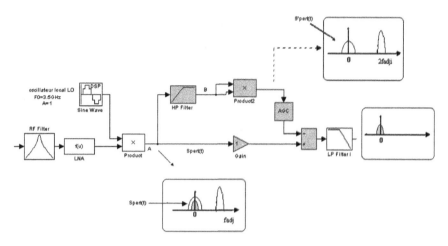

Figure 3.25: Elimination de terme d'intermodulation d'ordre 2 par la méthode de Faulkner

L'estimation de signal perturbateur $Spert(t)$ est l'objectif de technique de Faulkner. A la sortie de mélangeur, précisément au point A, le deux signaux utiles et parasites sont translatés, vers la basse fréquence ou dite en bande de base.

L'estimation de signal brouilleur $S'pert(t)$ se fait, d'abord grâce à un filtre passe haut qui a pour rôle d'éliminer les signaux en bande de base, alors nous obtenons au point B une seule composante à la fréquence f_{adj} correspondant au signal parasite. Ensuite, ce signal est ramené en bande de base afin de généré le signal $S'pert(t)$ grâce à un mélangeur présenté dans la figure suivante :

Le signal $S'pert(t)$ que nous avons obtenu sera appliqué successivement à un amplificateur à gain ajustable (gain g) à un soustracteur afin d'éliminer des termes d'intermodulation d'ordre 2 tout en vérifiant la relation suivante :

$Spert(t) - S'pert(t)$ 0

Finalement, le signal utile est récupéré après avoir supprimé les éléments à f_{adj} et $2 f_{adj}$ correspondant aux hautes fréquences.

La figure suivante montre l'amélioration procurée par la technique de Faulkner sur la constellation de phase.

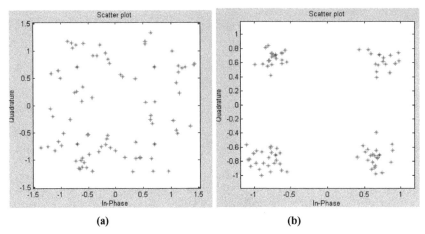

(a)   **(b)**

Figure 3.26 : L'effet de IM2 sur la constellation de phase de type QPSK sans (a) et avec (b) la technique de Faulkner

L'intermodulation induit une distorsion sur la constellation de phase ce qui rend difficile la décision sur les symboles reçus. Dans ce cas, La solution de Faulkner s'impose.

L'amélioration apportée à la constellation de phase est bien perçue dans la figure 3.26 (b).

L'impact d'IM2 sur le taux d'erreur binaire est illustré par la figure suivante :

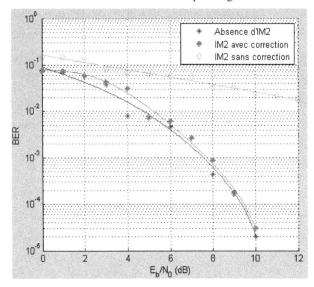

Figure 3.27 : L'effet d'IM2 sur le BER d'une démodulation QPSK

Cette figure montre le BER d'une démodulation QPSK en présence de bruit additif blanc dans le cas d'un signal utile et du signal adjacent ayant des fréquences respectivement 3.5GHz et 3.55GHz.

Le signal sur bruit est détérioré par l'IM2, sans correction par la méthode de Faulkner, avec une valeur supérieure à 8 dB pour un BER=10^{-3}.

Il est clair d'après cette figure, que la technique proposée par Faulkner apporte une amélioration sur le taux d'erreur binaire. En effet, après l'introduction de cette technique la courbe de BER devient presque confondue avec la courbe de BER sans présence d'IM2. La réjection de canaux voisins est amélioré de 11dB par cette technique (23).

La deuxième solution est développée par Alinikula et al ressemble à la méthode de Faulkner. En revanche, Alinikula et al voient la nécessité d'estimer le signal adjacent avant le mélange avec l'oscillateur local en faveur d'un coupleur et d'un détecteur de puissance.

Le niveau de signal sortant de détecteur de puissance est réglé à l'aide d'un amplificateur à gain variable et pour éliminer des éléments d'intermodulation d'ordre 2 ce signal est soustrait aux 2 sorties IQ du démodulateur.

3.4.6- Solution adoptée

Les problèmes de tension continue DC-offset, le déséquilibre en gain et en phase entre les deux voies I et Q de récepteur homodyne, s'aggravent dans la bande de fréquence millimétrique correspondant à la fréquence allouée aux normes du WiMAX. Afin de compenser ces problèmes, le démodulateur en quadrature est remplacé par un démodulateur cinq-port. Ce nouveau démodulateur permet, grâce à un simple calibrage, de compenser d'une manière adaptative les variations d'amplitude et de phase de signal reçu en plus d'éliminer les distorsions des signaux reçus causées par les canaux adjacents ce qui rend la constellation de phase parfaitement normalisée. Cette technique de calibrage nécessite la synchronisation entre le port FR et OL (oscillateur local) c'est-à-dire la dérive de fréquence $\Delta f = 0$. Une méthode de calibrage consiste donc à estimer cette Δf par un traitement numérique complet.

Ce démodulateur cinq-port nommé aussi circuit interférométrique est réalisé avec des composantes coaxiales ou une technologie MHIC.

3.5-Conclusion

Dans ce chapitre, nous avons montré la performance de récepteur homodyne vis-à-vis aux autres architectures. Nous avons d'abord présenté les différentes architectures des émetteurs et des récepteurs de radiocommunications ainsi que les inconvénients de chaque récepteur. Nous avons achevé ce chapitre par une solution convenable pour la réception d'un BLR après avoir dégagé les erreurs présentées dans l'architecture homodyne.

Conclusion générale

Ce manuscrit traite la performance et la faisabilité d'un dispositif de réception mobile à haut débit adapté au déploiement d'un système WiMAX.

Dans un premier temps, nous avons étudié la boucle local radio en particulier ses avantages et sa propre norme technique WiMAX. Les principaux avantages produits par le système WiMAX sont abordés ainsi que leur fonctionnement et leur spécification.

Dans un deuxième temps, nous avons rappelé la technique de transmission nécessaire à la transmission radiofréquence notamment la modulation numérique ainsi nous avons énuméré les effets de canal radioélectrique qui altèrent le signal reçu.

Nous avons présenté les architectures de l'émetteur et de récepteur radiofréquences tout en exposant pour chacune d'entre elles les avantages et les inconvénients. Une comparaison entre les différentes architectures des récepteurs est nécessaire afin de sélectionner le moins compliqué, le plus performant et le plus prometteur pour le WIMAX.

Nous avons orienté notre choix vers l'architecture à conversion directe ou homodyne puisqu'elle répond à plusieurs contraintes technologiques et économiques telles que la consommation, la forte capacité d'intégration, la flexibilité, la simplicité tout en réduisant le nombre des composants radiofréquences et donc le coût.

Toutefois, ce type d'architecture fait dévoiler de nombreux défauts tels que l'offset (DC), le déséquilibre IQ, le bruit en 1/f et les signaux de canaux adjacents qu'il est important de les compenser. De ce fait, plusieurs solutions sont proposées, une d'entre elles est la plus performante, cette solution consiste à remplacer le démodulateur en quadratique par un modulateur à cinq ports qui permet par un simple calibrage de s'affranchir aux problèmes qui inhérent le principe de fonctionnement de récepteur homodyne.

Dans ce mémoire, l'impact de nombreux signaux brouilleurs n'est pas totalement rejeté. Un traitement numérique peut être ajouté afin de se débarrasser des signaux non désirés et obtenir un récepteur très performant adapté au système WiMAX.

Annexe **A**

Chaine de transmission

Cette annexe présente le modèle de la chaine de transmission qu'on a utilisé pour tester la performance de récepteur homodyne

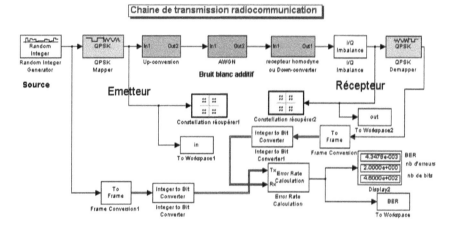

Annexe **B**

Outil d'analyse de BER

Cette annexe identifie l'outil d'analyse de taux d'erreur binaire utilisé dans la simulation.
Cet outil nous permet de tracer le taux d'erreur binaire en fonction d'Eb/No avec précision

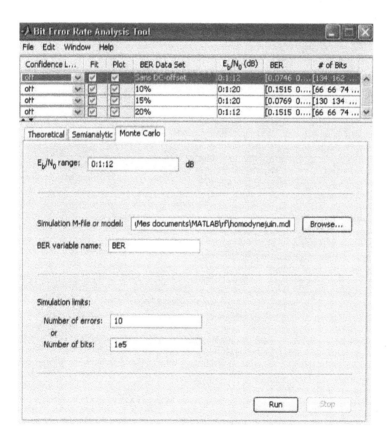

Cet outil permet aussi de tester la performance de la chaine de transmission qui est bien validé puisque les deux courbes théoriques et pratiques que nous avons obtenues sont presque confondues pour une démodulation QPSK

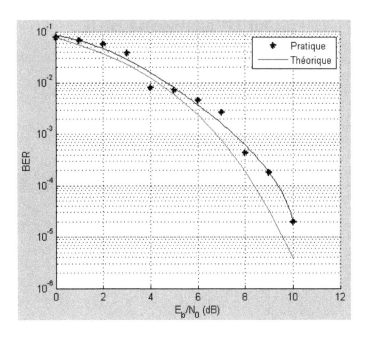

Annexe C

Technique de Faulkner

Cette annexe montre le modèle associé à la modification introduite par la technique de Faulkner pour éliminer l'intermodulation d'ordre 2 où les éléments colorés en bleu sont ajoutés ou modifiés par rapport au 1ère model présenté dans l'annexe A.

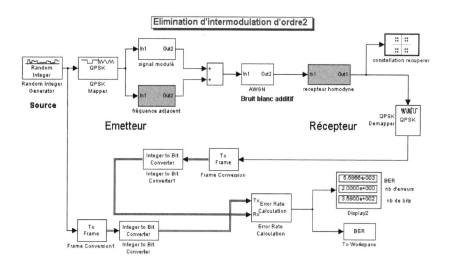

La figure suivante est une vue profonde de récepteur homodyne tout en découvrant les différents blocs qui le constituent.

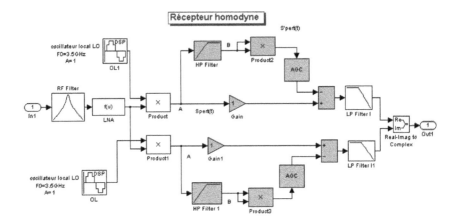

Bibliographie

[1]-'' Boucle locale radio'', http://fr.wikipedia.org/wiki/Boucle_Locale_Radio, 05 Mars 2008.

[2]-'' la boucle locale radio – Wimax'', http://www.arcep.fr/index.php?id=7108&L=1%252-Index.ph#5597, Paris, 23 janvier 2008.

[3]-''Altitude Telecom : la boucle Locale Radio (BLR) et WIMAX – Wifi et Mobilité'', http://www.myadsl.fr/myadsl/offres/wifi/2.php, 15 Mai 2008.

[4]-''Wimax -Réseaux et Communication-Technologies-Dossiers-guide -informatique'', http://www.guideinformatique.com/fiche-wimax-799.htm, IBM, 26 Février 2008.

[5]- Faure-muret. Nicolas, ''Conception, réalisation et tests de filtres millimétriques volumiques micro-usinés'', Limoges, 2005, 179 p.

[6]-''Le WiMax: norme IEEE 802.16 - Worldwide Interoperability for Microwave Access'', http://www-igm.univ-mlv.fr/~dr/XPOSE2006/aurelie_schell/, le 13 Avril 2008.

[7]- Ducros F5AD, André, '' Réception d'un signal numérique QPSK'', 1999.

[8]-''Les guides de la rédaction : comparatif du matériel high-tech'', http://www.bestofmicro.com/guide/savoir-Tuner-TV-%2B-TNT-pour-ordinateur,5-aWRHdWlkZT03OSZpZENsYXNzZXVyPTEzOCZpZFJ1YnJpcXVlPTUxMCZpZFBhZ2U9MTg4MQ==.html,, 16 Avril 2008.

[9]-D. Battu, ''DT 14 - Modulations et paramètres - Stratégies Télécoms &amp ; Multimédia'', Dunod , 2002.

[10]-Alliès. Laurent, ''Communications analogiques sur fréquences porteuses''. © Médiatice : UHP Nancy 1, http://www.cyber.uhp-nancy.fr/demos/GTRT-003/cha_2/resume.html, 24 mars 2008.

[11]-''Simulation de transmissions en ondes décamétriques par canal ionosphérique'', 1997-1999, 2p.

[12]-''Intermodulation entre des émetteurs proches'',http://.procom-France.fr/information-technique/e0302-notions-de-intermodulation-procom2, 23 avril 2008.

[13]- F. Chavand.C, Goutelard.Desage, Van Uffelen, J. P,

''Système de transmission à codes pseudo-orthogonaux adapte au canal HF'', GRETSI, Groupe d'Etudes du Traitement du Signal et des Images, 1983, 8p.

[14]-''GEL-17982 Communications optiques''.Université Laval: Département de génie électrique et de génie informatique, France, 2008, 10p.

[15]-''Electronique : F1UFY'', http// :electronique-radiomateur.fr/radio/emission-reception/txrx-heterodyne.php, 24 janvier 2008.

[16]-'' Actualité technologique et scientifique - News &amp'' SARL CLEVACTI, http://www.technoscience.net/?onglet=glossaire&definition=11694, 20 mars 2008.

[17]-Aissi. Mohammed,'' Conception de circuits WLAN 5 GHz à résonateur BAW-FBAR intègres oscillateurs et amplificateurs filtrants'', Toulouse, 2006, 159p.

[18]- Colin. Elizabeth, '' Architecture reconfigurable pour la numérisation du signal radio de récepteurs mobiles multi-standards récepteurs mobiles multi-standards'', ENST, 2003, 202p.

[19]-Manel Ben-Romthane, Patricia Desgreys, Patrick Loumeau, Chiheb Rebai, Khaled Grati et Adel Ghazel, '' Vers les convertisseurs Analogique Numériques à Echantillonnage Non-Uniforme'', 2007.

[20]-Oussama Frioui, Fayrouz Haddad, Lakhdar Zaid, Wenceslas Rahajandraibe, '' Évolution des standards/architectures pour les communications sans fil Application aux systèmes multistandards en technologie CMOS'', 2007.8p.

[21]-El_oualkadi. Ahmed, '' Analyse comportementale des filtres à capacités commutées pour les radiocommunications : Conception d'une nouvelle architecture en technologie BiCMOS 0,35 μm'', Institut Universitaire de Technologie d'Angoulême, 2004, 216p.

[22]-Traverso. Sylvain,'' Transposition de fréquence et compensation du déséquilibre IQ pour des systèmes multiporteuses sur canal sélectif en fréquence''. Cergy-Pontoise, 2007, 202p.

[23]-Abou chakra, Sara.'' La Boucle Locale Radio et la Démodulation directe de signaux larges bandes à 26GHz''.Paris, 2004, 144p.

[24]-'' Amplificateur faible bruit'', http://fr.wikipedia.org/wiki/Amplificateur_faible_bruit, 25 Mars 2008.

[25]- Butterworth. Peter, ''Méthode de conception des mélangeurs millimétriques. Application à la réalisation MMIC d'un mélangeur sous harmonique à FET froid [42-43.5 GHz]'', http://www.unilim.fr/theses/2003/sciences/2003limo0028/these.html, Paris,

2 juin 2008.

[26]- Couderc. Christian. ''Voile et Electronique : Christian Couderc'',
http://www.voilelec.com/ham/nextwave.php, 25 mars 2008.

MoreBooks!
publishing

Oui, je veux morebooks!

i want morebooks!

Buy your books fast and straightforward online - at one of world's fastest growing online book stores! Environmentally sound due to Print-on-Demand technologies.

Buy your books online at

www.get-morebooks.com

Achetez vos livres en ligne, vite et bien, sur l'une des librairies en ligne les plus performantes au monde!
En protégeant nos ressources et notre environnement grâce à l'impression à la demande.

La librairie en ligne pour acheter plus vite

www.morebooks.fr

VDM Verlagsservicegesellschaft mbH
Heinrich-Böcking-Str. 6-8   Telefon: +49 681 3720 174   info@vdm-vsg.de
D - 66121 Saarbrücken   Telefax: +49 681 3720 1749   www.vdm-vsg.de

www.ingramcontent.com/pod-product-compliance
Lightning Source LLC
LaVergne TN
LVHW042345060326
832902LV00006B/398